# DIE BELAGERUNG VON DINKELBURG

## SECHS NOVELLEN

# Die Belagerung von Dinkelburg

von

## MICHAEL KREUZENAU

*Drawings by*
*Lucien Lowen*

HUTCHINSON EDUCATIONAL

HUTCHINSON EDUCATIONAL LTD
*178–202 Great Portland Street, London, W.1*

London Melbourne Sydney
Auckland Bombay Toronto
Johannesburg New York

*First published 1968*

© Hutchinson Educational Ltd, 1968

*This book has been set in Plantin type face. It has
been printed in Great Britain by William Clowes
and Sons Ltd, London and Beccles, on smooth
wove paper and bound by William Brendon of
Tiptree, Essex*

09 085940 5

# Inhaltsverzeichnis

# Preface

This reader is supplementary to the series of four graded Novellen, designed to fill the gap in original German readers for the end of the 1st year and throughout the 2nd, and is approximately of the standard of Novelle 2.

The story deals with the same characters as *Fremde in Dinkelburg* and *Der kleine Bürgermeister stirbt*, so that some continuity is maintained. I have laid considerable emphasis on essential conversational idiom and have tried to keep the language as fresh and up-to-date as possible without sacrificing simplicity.

'Machinery' has been reduced to a minimum, so that teachers themselves may have maximum scope, but various useful phrases from each chapter have been collected at the end of the book to act as the basis of oral practice if required.

M. K.

# Der Jahrmarkt

Es war ein Freitag Vormittag im Juni — ein herrlicher Tag. Dinkelburg, eine kleine süddeutsche Stadt, lag friedlich und verschlafen in der heißen Sonne. Es war ein schläfriger Tag, sogar für Dinkelburg, wo niemand gern arbeitete, und auf den Straßen und Gassen der Stadt regte sich kein Mensch.

Nur am Marktplatz war offensichtlich etwas los. Menschen mit Ständen, mit bunten Zeltdecken, mit großen Stangen und langen Holzbrettern standen herum oder liefen in der Hitze hin und her.

An einem Fenster des Rathauses stand Leopold Kurtfidel und schaute entzückt zu. Er hatte Arbeit immer gern — das heißt, solange er zuschauen durfte. Seit der Angelegenheit mit der Statue* herrschte er als unbestrittener Herr in Dinkelburg. Er war noch immer Bürgermeister und Anton sein intimer Ratgeber und treuester Diener.

„Spannend! Spannend!" murmelte er jetzt. „Anton! Was ist dort los? Warum sind die Leute so eifrig? Was bauen sie am Marktplatz?"

Anton war aus dem Nebenzimmer erschienen. „Aber, Herr Bürgermeister," sagte er vorwurfsvoll, „das wissen Sie doch! Morgen ist Jahrmarkt. Die Leute stellen die Stände auf. Es wird Schießbuden, Tanzplätze, Eisdielen und allerlei andere Sachen geben. Und zuguterletzt wollen sie einen großen Freiballon mit Korb am Marktplatz aufstellen. Nur zur Schau, natürlich."

* Siehe *Der kleine Bürgermeister stirbt*

„Wenn morgen Jahrmarkt ist," sagte Kurtfidel entschlossen, „dann haben wir auch etwas zu tun. Wir müssen das Museum in Ordnung bringen."

Das sogenannte „Dinkelburger Museum" war im
Rathaus selbst untergebracht: eine dürftige Sammlung
von alten, verrosteten Waffen und Ritterrüstungen, von
Urkunden, Siegeln und Bildern. Hier hing, zum Beispiel,
das Porträt von Holofernes Kurtfidel, Leopolds berühm-
tem Vorfahren, der im 17. Jahrhundert die Stadt gerettet
hatte. So lautet die Legende: Dinkelburg wurde belagert
und die Besatzung war dem Hungertode nah. Da erklärte
der Führer des Heeres, das die Stadt eingeschlossen hatte:
„Ich begnadige alle Dinkelburger, wenn einer unter euch
ein Maß Bier in einem Zug austrinken kann." Holofernes

gelang es, diese harte Probe zu bestehen — sogar mit Genuß, wie er später zugab. Leopold, der seine Lust am Trinken reichlich geerbt hatte, war sehr stolz auf ihn.

„Wer weiß," fuhr er fort, „vielleicht kommen Fremde in die Stadt und wollen Dinkelburgs glorreiche Vergangenheit kennenlernen. Wir müssen das Museum putzen und neu eröffnen! Eintritt 1 Mark. Wir könnten sogar etwas Geld dabei verdienen."

Aber Anton war eher skeptisch. „Es kommt kein Fremder in die Stadt," meinte er. „Höchstens ein Dutzend machen die fünf Kilometer von Krummstadt. Und die wollen sicher nichts von unserer glorreichen Vergangenheit wissen, die wollen lieber tanzen und feiern und trinken und streiten und lärmen, wie die Krummstädter es immer tun."

„Das Museum!" befahl Kurtfidel streng. Anton war machtlos. Er drehte sich widerwillig um und verließ das Arbeitszimmer, um Besen und Staubtuch zu holen.

„Ja," murmelte Kurtfidel vor sich hin. „Wenn ich nicht Bürgermeister wäre . . . "

# Der Bürgermeister zu Hause

Später am selben Tag ruhte sich Kurtfidel nach den Anstrengungen des Tages aus. Es war die Stunde der Ruhe in Dinkelburg, die gemütliche Abendzeit. In der ganzen Stadt war alles still. In jedem Haus spülten Frauen und Töchter das Abendessen ab und räumten das Geschirr weg; der Herr des Hauses schnarchte seit einer halben Stunde in einem bequemen Sessel und träumte vom Urlaub. Das war alles sehr menschlich. Auch der Bürgermeister was nur ein Mensch. Auch er schlief fest in einem bequemen Sessel in seinem Wohnzimmer, während seine Frau, Bertha, und seine Tochter, Felicitas, das Abendessen abspülten und wegräumten.

Die Tür ging auf und Bertha trat ein. Sie war vielleicht der einzige Mensch in der ganzen Stadt, der keine Angst vor dem Bürgermeister und seinen Launen hatte. Sie liebte ihren Mann, aber sie kannte seine Schwächen und wußte genau, wie er zu behandeln war. Außerdem war sie ein mächtiges Weib und gute zehn Zentimeter größer als er.

Jetzt sagte sie streng: „Leopold! Leopold! Wach auf! Ich habe etwas mit dir zu besprechen." Sie schüttelte ihn, bis er aufwachte und sie erstaunt ansah.

„Was ist denn los?" wollte er wissen. „Ich habe eben so schön geträumt."

„Das ist es eben," antwortete Bertha und setzte sich neben ihn. „Das ist es, Leopold. Du träumst die ganze Zeit und siehst nicht die Wirklichkeit, die vor deiner Nase liegt. Hast du in letzter Zeit Felicitas einmal angesehen?"

„Felicitas? Unsere Tochter? Freilich! Ein sehr nettes Mädchen. Hilft mit im Haushalt, tut gut in der Schule und kocht fast so gut wie du, meine Liebe." Er lächelte, lehnte sich bequem zurück und machte die Augen zu. Er war überzeugt, daß er jetzt seinen unterbrochenen Schlaf fortsetzen konnte. Da schüttelte ihn seine Frau noch einmal.

„Mit der Schmeichelei kommst du nicht weiter bei mir, das solltest du wissen," sagte sie. „Nein, Leopold. Siehst du nicht, daß Felicitas jetzt erwachsen ist? Sie braucht Unterhaltung, Zerstreuung. Sie langweilt sich hier. Sie kommt nie aus der Stadt heraus."

Kurtfidel sah seine Frau verblüfft an. Er wußte einfach nicht, wohin das alles führte. „Na, und . . . ?" fragte er.

„Jetzt hat sie einen netten Burschen kennengelernt," fuhr Bertha fort.

„Fein!" sagte Kurtfidel, erleichtert.

„Er hat sie eingeladen, einen Tag mit ihm auf dem Lande zu verbringen."

„Schön!" sagte Kurtfidel und lächelte. „Das tut ihr sicher gut. Frische Luft! Grüne Wiesen! Bunte Blumen! Wie heißt denn dieser junge Mann?"

„Ja, das ist es eben . . . " entgegnete Bertha. Sie zögerte einen Moment. Dann sagte sie entschlossen: „Lorenz Grimm."

„WAS?" Jetzt war Kurtfidel vollkommen wach. „Lorenz Grimm — der Sohn von Adalbert Grimm?" Er sprang entsetzt von seinem Sessel auf.

Seit Jahren bestand eine heftige Fehde zwischen ihm und Adalbert Grimm. Niemand wußte warum — es war eben so. Adalbert Grimm wohnte draußen auf dem Lande, in Schloß Grimm, aber er hatte sich seit mehreren Monaten in der Stadt nicht blicken lassen.

Bei dem Gedanken, daß seine einzige Tochter einen

Grimm kennengelernt hatte und sogar besuchen wollte, geriet Kurtfidel natürlich außer sich vor Wut.

„Das ist ausgeschlossen!" donnerte er. „Sie darf ihn nie mehr sehen. Nie mehr! Ich verbiete es ausdrücklich."

# 3

## Auf dem Jahrmarkt

Samstag war der erste Tag des Jahrmarkts, der eine Woche lang dauern sollte. Er versprach, ein großer Erfolg zu werden. Nie war das Wetter so schön gewesen. Nie war so viel Eis verkauft worden. Alle Bürger Dinkelburgs — Männer, Frauen und Kinder — drängten sich auf den alten Marktplatz, wo der Springbrunnen mit dem Löwen stand, dem Wahrzeichen der Stadt. Die Stadtkapelle saß auf einem Podium und spielte lustige Volkstänze und Walzer und die jungen Leute tanzten dazu. Die alten saßen daneben, bewunderten die Tänzer und sprachen von ihrer Jugendzeit, wo natürlich der Wein besser, das Wetter schöner, die Mädchen hübscher, die Farben bunter — kurz, das Leben viel besser gewesen war.

Aber das Prunkstück des Jahrmarkts war ein enormer, gelber Freiballon, der über dem Marktplatz und der Volksmenge im leichten Wind leise hin und her schaukelte. Darunter hing der Ballonkorb für den Führer und das Ganze wurde mittels eines Taues an der Erde festgehalten. Die Kinder durften sogar in den Korb hineinklettern und sich einbilden, daß sie allein einen Ballonflug über das tiefste Afrika machten.

Gegen 10 Uhr erschien der Bürgermeister mit seiner Familie. Felicitas, an der Seite ihrer Mutter, war heiter und freundlich wie immer. Ihr Vater war erleichtert. „Gott sei Dank!" sagter er sich immer wieder. „Ich hätte es nicht geglaubt, aber ich habe wenigstens eine folgsame Tochter."

Kurtfidels wurden von allen warm begrüßt und Leopold

unterhielt sich wie ein Kind bei den verschiedenen Ständen. Er kaufte sich und seiner Familie Süßigkeiten und Gefrorenes und betätigte sich (vollkommen ohne Erfolg) an einer Schießbude, denn er hielt sich für einen Meisterschützen. Er war gerade bei seinem fünften Versuch, eine himmelblaue Vase zu gewinnen, als Anton plötzlich erschien. Er war außer Atem und hielt einen Umschlag in der Hand.

„Ein dringendes Telegramm für Sie, Herr Bürgermeister," sagte er und überreichte Kurtfidel den Umschlag.

Dieser riß ihm das Telegramm aus der Hand, steckte es, ohne es einmal anzuschauen, in die Tasche, stützte sich wieder auf den Ellbogen und zielte sorgfältig.

„Stör mich jetzt nicht mit Arbeit!" brummte er.

„Heute ist Feiertag. Kümmere dich lieber um meine Frau und Tochter! Du könntest vielleicht Felicitas zum Tanzen einladen."

Bumm! Der kleine Bürgermeister hatte wieder einmal vollkommen das Ziel verfehlt.

# 4

## Der Feind naht

Am übernächsten Tag saß Kurtfidel im Rathaus. Er war gerade damit beschäftigt, die Kasse des „Dinkelburger Museums" zu kontrollieren. Es war recht deprimierend. Er war in Mathematik nicht sehr begabt, aber selbst er konnte das gesamte Geld mühelos zählen. Jedesmal kam er auf die gleiche Summe: 3 Mark, wovon 2 Mark von Anton stammten, und ein alter Messingsknopf. Scheinbar war das Museum kein sehr großer Erfolg.

Plötzlich hörte er in der Ferne ein dumpfes Donnern und Rollen. „Ein Gewitter!" dachte er. „Pech! Gerade heute wollte ich am Nachmittag spazieren gehen. Und noch dazu hat Bertha Waschtag. Das mußte ja kommen!"

Gereizt erhob er sich vom Sessel, ging zum Fenster, öffnete es und blickte düster hinaus. Der Himmel war klar und tiefblau, kein einziges Wölkchen war zu sehen und die Luft war rein und warm. Die Sonne schien ruhig über dem Marktplatz, der gelbe Freiballon schaukelte in der leichten Brise leise hin und her . . . Keine Spur von einem Gewitter.

Noch einmal kam das unheimliche Donnern und Dröhnen und Rollen, lauter jetzt und klarer. Es näherte sich offenbar der Stadt. Was war das nur? Eine unaussprechliche Angst ergriff den Bürgermeister: es klang verdächtig wie Kanonen und Maschinengewehr. Aber wie war das nur möglich? Es herrschte doch Frieden im ganzen Land, oder? Er hatte allerdings in letzter Zeit nicht viel in die Zeitungen hineingeschaut, es war also möglich, daß in der Zwischenzeit ein Krieg ausgebrochen war. Aber hier . . . in Dinkelburg?

Er stürzte entsetzt aus dem Zimmer und stieß mit Anton zusammen, der gerade eintreten wollte.

„Etwas ist los, Herr Bürgermeister!" stotterte dieser. „Kommen Sie! Schnell! Wir können vielleicht vom Turm aus sehen, was es ist."

Dinkelburg, als ehemalige Festung, war auf einem kleinen Hügel gebaut und der höchste Punkt der Stadt war der Wachtturm über dem Rathaus. Von hier aus konnte man kilometerweit über das Land hinaussehen. Vor Anstrengung und Aufregung keuchend und krebsrot im Gesicht, liefen die beiden die kleine Wendeltreppe, die zum Turm führte, hinauf. Oben holten sie einen Augenblick Atem und schauten dann vorsichtig über die Zinnen hinaus in die Ferne.

Die Aussicht war wirklich wunderbar, das konnte niemand leugnen. Zu ihren Füßen erstreckte sich die Landschaft wie eine bunte Landkarte: sanfte Hügel umgaben die Stadt, an deren südlichen Hängen der Wein wuchs, und dazwischen wand sich der Fluß in großen Kurven dahin. Es war ein friedlicher Anblick.

Plötzlich sahen sie in der Ferne mehrere Rauchwolken, harmlos und klein, wie aus einem Kinderspielzeug. Kurz danach hörten sie noch einmal das seltsame Knallen.

„Schau, Anton!" flüsterte der Bürgermeister. Er zeigte mit zitternder Hand auf die Straße, die nach Krummstadt führte.

„Tanks!" flüsterte Anton zurück. „Eine ganze Kolonne!"

# 5

## Die Belagerung

Sie schauten einander an. Beide waren kreidebleich.

„Es ist also wahr!" sagte Anton.

„Ein Krieg ist ausgebrochen!" sagte der Bürgermeister.

„Fürchterlich! Die ganzen Weinberge werden zerstört. Wir kriegen heuer überhaupt keinen Wein!"

„Aber ein Krieg gegen wen?" wollte Anton wissen.

„Gegen uns natürlich," kam die Antwort. „Es werden wohl diese Schurken von Krummstädtern sein. Das sieht ihnen ganz ähnlich. Sie wollen offensichtlich die Stadt belagern."

„Aber Herr Bürgermeister," antwortete Anton. „Wie ist das nur möglich? Woher würden sie das Geld nehmen, um einen Krieg zu führen? Das ist doch ganz unmöglich!"

Das Gespräch wurde durch das drohende Stottern eines Maschinengewehrs schroff unterbrochen. Es schien von einem Hügel ganz in der Nähe zu kommen. Instinktiv warfen sich beide keuchend zu Boden.

„Woher sie das Geld nehmen?" wiederholte der am Boden liegende Bürgermeister. „Kunststück! Sie werden von Grimm finanziert. Offensichtlich will er uns einfach vertilgen — wie die Mäuse vertilgen... Wir werden in den Gassen kauern und sterben. Und meine Frau, meine dicke Bertha, und Felicitas, mein einziges Kind! So weit geht der Haß meines Erzfeindes. Ich kenne ihn! Wozu ist er nicht fähig, um mich zu vernichten? Deshalb hat er sich in den letzten Monaten nicht blicken lassen. Und den Sohn eines solchen Verbrechers will meine einzige Tochter besuchen!"

Indessen war das Maschinengewehr verstummt. Anton und Kurtfidel standen vorsichtig auf und schlichen die Wendeltreppe wieder hinunter. Als sie sicher unten angekommen waren, hatte sich der Bürgermeister gefaßt.

„Ich lasse mich aber nicht so leicht unterkriegen," sagte er entschieden. „Die Zeit ist zwar kurz, aber wir können immerhin etwas tun. Wir werden die Stadt verteidigen."

„Wie meinen Sie das?" fragte Anton mißtrauisch.

„Das wirst du gleich sehen," erwiderte Kurtfidel und verschwand in seinem Arbeitszimmer.

Eine Viertelstunde später rief er gellend nach seinem Ratgeber und, als dieser eintrat, stand Kurtfidel stolz vor seinem Schreibtisch, die eine Hand vorn in die Jacke gelegt — ganz napoleonisch.

„Der Plan ist fertig!" sagte er. „Nimm diese Proklamation und häng' sie am Marktplatz auf, damit jeder sie lesen kann! Dann lauf' und trommle mir die besten und tapfersten Bürger der Stadt zusammen! In einer Viertelstunde halte ich Kriegsrat in meinem Arbeitszimmer. Geschwind!"

Bald wußten alle Dinkelburger, daß der Stadt irgendeine Gefahr drohte. Sie sammelten sich neugierig um die Proklamation am Marktplatz. Es entstand ein solches Menschengewühl, daß schließlich k e i n e r sie lesen konnte. Da kletterte einer auf den Springbrunnen neben den Löwen und las sie laut vor:

EIN KRIEG IST AUSGEBROCHEN (las er). DER FEIND NÄHERT SICH UNSERER STADT! IN KÜRZESTER ZEIT WIRD UNSER LIEBES DINKELBURG VON DEN KRUMMSTÄDTER BARBAREN BELAGERT WERDEN. WIR WERDEN ABER DIE STADT NICHT OHNE KAMPF DEM FEIND ÜBERGEBEN. WIR WERDEN SIE VERTEIDIGEN. MIT ALLER KRAFT . . . MIT ALLEN WAFFEN.

BÜRGER VON DINKELBURG! DIES LÄSST EUCH EUER
BÜRGERMEISTER SAGEN: SEID WACHSAM, TAPFER, TREU UND
PFLICHTBEWUSST. ICH WEISS, ICH KANN MICH AUF EUCH
VERLASSEN.

LEOPOLD KURTFIDEL

# 6

## Mit allen Waffen . . . !

Bald summte die sonst ruhige Stadt wie ein Bienenkorb vor ungewohnter Tätigkeit. Menschen eilten hin und her. Jeder hatte irgendetwas zu tun. Die führenden Bürger waren schon beim Bürgermeister, der ihnen seine Befehle gab, und zwei Wächter stiegen sofort auf den Turm, um das feindliche Lager zu beobachten. Sogar die Kinder hatten etwas zu tun: sie sammelten Steine und stiegen damit auf die Mauer, in der Hoffnung, die Stadt mit ihren Schleudern zu verteidigen.

Gott sei Dank, besaß Dinkelburg noch die Reste der alten Ringmauer und zwei riesige mittelalterliche Tore. Diese wurden nun geschlossen, was nur mit viel Mühe geschah, da man sie seit langer Zeit nicht mehr benützt hatte.

Nachdem Anton den Bürgermeister verlassen hatte, war er zum „Museum" geeilt. Da stand er nun und teilte die alten, rostigen Waffen der Sammlung an die Männer aus. Stolz schritt ein jeder durch die Straßen mit allerlei altertümlichen Waffen. Allem Anschein nach wollten die Dinkelburger ihr Leben teuer verkaufen und die geliebte Heimatstadt nicht ohne einen blutigen Kampf übergeben.

Bis Mittag waren alle Vorbereitungen getroffen. Den meisten Bürgern schien es noch immer ganz unmöglich, daß ein Kreig tatsächlich ausgebrochen sei, geschweige denn, daß es die Krummstädter seien, die Krieg gegen sie führten. Aber die Aufregung war groß und wer kann in einem solchen Augenblick kühl und sachlich überlegen?

Als der Bürgermeister mit seinem Kriegsrat zu Ende

war, machte er mit Anton die Runde der Verteidigungsposten, um sich zu versichern, daß alles in Ordnung
war.

Das Donnern und Krachen in der Umgebung hatte
sich gelegt — wahrscheinlich machte der Feind auch
gerade eine Eßpause. Oder vielleicht hatte ihn der Anblick
der Dinkelburger Fahne auf dem Wachtturm so er-
schreckt, daß er es gut überlegen wollte, bevor er den
Befehl zum Angriff gab. Es war schon Mittag und höchste
Zeit zu essen. Selbst der Bürgermeister einer belagerten
Stadt muß irgendwann essen.

Höchst zufrieden mit seiner Vormittagsarbeit öffnete er
die Tür seines kleinen Hauses am Marktplatz und trat
ein. Es roch herrlich nach Rindsuppe und Braten. Bertha
guckte rasch aus der Küche. „Gut, daß du da bist,

Leopold," sagte sie. „Das Mittagessen ist beinahe fertig. Kommt Felicitas auch bald?"

„Felicitas?" fragte er. „Ist sie nicht schon hier? Sie war natürlich nicht bei mir. Was hat ein Weib in einem Kriegsrat zu suchen? Wir Männer hatten Ernstes zu . . ."

Da fiel ihm seine Frau ins Wort: „Sie wird hoffentlich nicht aus der Stadt gewandert sein?" fragte sie ängstlich. „Leopold! Du mußt sie suchen gehen!"

„Freilich," antwortete er beruhigend und setzte sich gleich an den Tisch. „Freilich! Was gibt's denn zum Mittagessen?"

„Jetzt, Leopold!"

Der köstliche, verlockende Geruch kam ihm noch immer aus der Küche entgegen. Hunderte von Ausreden fielen ihm ein, aber es war etwas in Berthas Stimme, dem er nicht widerstehen konnte. Der kleine Bürgermeister wußte, wann er zu schweigen hatte. Er erhob sich tief seufzend vom Tisch und ging langsam, mit leerem Magen, wieder aus dem Haus.

# 7

## Wo ist Felicitas?

Eine Viertelstunde genügte, um festzustellen, daß Felicitas nicht mehr in Dinkelburg war. Sie war am Vormittag aus der Stadt gegangen, um einen Spaziergang zu machen. Als Kurtfidel mit dieser traurigen Nachricht nach Hause zurückkehrte, war seine Frau ehrlich verzweifelt.

„Meine arme Felicitas!" rief sie immer wieder. „Jetzt weiß ich genau, wo sie hingegangen ist."

„Wohin denn?" wollte Kurtfidel wissen.

„Zu Lorenz Grimm, natürlich."

„Aber gerade das habe ich ausdrücklich verboten," sagte Kurtfidel, entsetzt, daß seine Tochter so ungehorsam sein konnte.

„Lorenz ist ein netter Bursch," antwortete Bertha verstockt, „wer immer sein Vater sein mag. Ich habe ihn recht gern. Und wie sollte ich wissen, daß ihr die Stadttore zumacht? Wie kommt das arme Ding nach Hause zurück? Du mußt die Tore wieder aufmachen, Leopold!"

„Aber das ist vollkommen unmöglich, meine Liebe, vollkommen unmöglich. Wir, die Männer von Dinkelburg, haben beschlossen . . . "

„Die Männer von Dinkelburg!" sagte Bertha höhnisch. „Unsinn! Wie wollt ihr denn diese Stadt verteidigen? Du träumst, Leopold. Du träumst von einem längst vergangenen Jahrhundert. Ich sage dir etwas: entweder bringst du mir Felicitas gesund wieder nach Hause zurück, oder wir — die Frauen von Dinkelburg — nehmen die Sache in die Hand. Und dann," schloß sie triumphierend, „dann habt ihr Männer nichts zu sagen!"

Mit diesen Worten verließ sie das Haus, wahrscheinlich um ihre Freundinnen aufzusuchen, und der arme Mann mußte sein Mittagessen selber aus der Küche holen. Noch dazu hatte er vollkommen den Appetit verloren. Seine Frau hatte wahrscheinlich recht, dachte er. Wahrscheinlich war er voreilig gewesen ... Aber jetzt, wo er mit der Verteidigung angefangen hatte, konnte er einfach nicht zurück. Das war klar. Aber er mußte irgendwie aus der Stadt heraus. Wie sollte er sonst Felicitas suchen, geschweige denn wieder nach Hause bringen? Er steckte in einer furchtbaren Klemme.

Da läutete es und, als er die Tür aufmachte, trat Anton ein.

„Schwierigkeiten, Herr Bürgermeister!" meldete er knapp und ernst. „Die Wächter am Turm berichten, daß eine große Kolonne von Tanks außerhalb des Südtors wartet. Es scheint dort eine ganze Volksmenge versammelt zu sein. Die Leute schreien und toben und wollen wahrscheinlich das Tor einstoßen. Was tun wir jetzt, Herr Bürgermeister? Siedendes Öl? Geschmolzenes Blei?"

Kurtfidel war bleich geworden. Er ging zum Büffett, wo er sich ein Glas Schnaps einschenkte, um es in einem Zug zu leeren. Dann erzählte er Anton, was geschehen war. „Ich muß irgendwie aus der Stadt heraus," sagte er verzweifelt. „Nicht, daß ich mich fürchte, natürlich. Ein Bürgermeister von Dinkelburg fürchtet sich nie. Aber die Sorge eines Vaters kennt keine Grenzen. Davon weißt du noch nichts, du Glücklicher! Und wenn wir verhindern wollen, daß die Frauen von Dinkelburg die Oberhand kriegen, muß etwas geschehen. Ja, Anton, ich muß meine arme Tochter finden. Aber wie?"

Eine Zeitlang war Schweigen. Dann sagte Anton leise: „Ich glaube, ich weiß, wie Sie das machen können,

Herr Bürgermeister. Wenn Sie die Stadt verlassen wollen,
so gibt es nur die eine Möglichkeit . . . Hören Sie gut zu.
Sie müssen sofort einen Koffer packen: Kleider, Geld,
Proviant, Wein usw. Dann sage ich Ihnen, was zu tun ist
und ich kümmere mich persönlich um den Koffer."

# 8

## Abfahrt zwei Uhr

Gott sei Dank, blieb Bertha lang genug weg, um Kurtfidel Zeit zu geben, die nötigsten Sachen einzupacken. Das dauerte aber länger, als er geglaubt hatte. Jedesmal, wenn er fertig war und den Deckel des großen, schweren Koffers zugeklappt hatte, fiel ihm noch etwas ein, was eigentlich auf einer Reise unentbehrlich war. Und wer wußte, wie lang er wegbleiben mußte? Endlich war die Arbeit beendet, der Koffer stand auf der Diele und Anton konnte seinen Plan ausführen.

Stöhnend und schnaubend schleppte er Kurtfidels Gepäck aus dem Haus und auf den Marktplatz. Glücklicherweise war es gerade die Stunde der Mittagsruhe: die Uhr am Rathausturm zeigte eben drei Viertel zwei. Anton konnte den Koffer unbemerkt über den Platz tragen. Als er den Ballon erreicht hatte, blieb er einen Augenblick stehen, blickte ängstlich um sich, ob jemand ihn beobachtete, und hob den Koffer mit großer Anstrengung in den Ballonkorb. Dann steckte er die Hände in die Hosentaschen und ging langsam davon, leise vor sich hinpfeifend, als sei nichts geschehen. Er verschwand im Rathaus.

Einige Minuten später kam er wieder zum Vorschein, diesmal aber in Begleitung einer zweiten Gestalt. Letztere schien den Kriegszustand ziemlich ernst zu nehmen, denn statt eines Hutes trug sie einen Helm aus einem längst vergangenen Jahrhundert, der ihr Gesicht ganz verbarg. Nur ein besonders scharfes Auge hätte in der kleinen, rundlichen Gestalt eine wohlbekannte Dinkelburger Persönlichkeit erkannt.

Langsam schritten die beiden über den Marktplatz, auf den Ballonkorb zu. Die rundliche Gestalt hatte es gar nicht leicht, in den Korb zu klettern; sie wurde sehr durch

ihren Helm behindert und ohne Antons heftiges Schieben wäre es ihr vielleicht gar nicht gelungen. Aber endlich verschwand sie mit einem dumpfen Poltern kopfüber im Korb. Einen Augenblick wedelten ihre Füße in der Luft, dann verschwanden auch diese. Ein undeutliches Fluchen kam aus dem Korbinnern.

„Geht's?" fragte Anton ängstlich.

Der Kopf mit dem Helm tauchte wieder auf und sprach, sonderbarerweise mit Kurtfidels Stimme: „Halbwegs. Los, Anton! Geschwind!"

Anton rannte, um das große Tau loszubinden, das den Ballon noch am Boden festhielt. Bald war es getan.

„Auf Wiedersehen, Herr Bürgermeister, und Glück auf!" rief er in die Luft, in der festen Annahme, daß der riesige Ballon jetzt über ihm schwebte. Aber nichts geschah, gar nichts.

Der Helm sah ihn ängstlich über den Korbrand hin an. „Was ist denn los?" rief er.

„Ich glaube, das Gewicht ist zu groß."

„Himmel! Was machen wir jetzt?"

Dem Helm wurde es offenbar zu warm im Korb. Er zog ein Taschentuch aus der Tasche, um sich wenigstens die Hände abzuwischen. Im selben Augenblick flatterte ein kleines, zusammengeknülltes Stück Papier zu Boden. Er bückte sich, um es aufzuheben.

# 9

## Der fliegende Bürgermeister

Automatisch glättete er es und blickte kurz darauf. Dann stutzte er. Sogar durch den Helm konnte man feststellen, daß er stutzte.

„Anton!" sagte er strafend. „Woher kommt denn auf einmal das Telegramm?"

„Offensichtlich aus Ihrer Tasche, Herr Bürgermeister. Es ist sicher das Telegramm, das ich Ihnen am Samstag beim Jahrmarkt übergab. Sie haben wahrscheinlich vergessen, es anzuschauen." Anton fügte nicht hinzu: Wie immer! aber alle beide dachten es.

Es entstand eine peinliche Pause.

„So," sagte Kurtfidel dann leise. „Jetzt verstehe ich alles. Ich brauche jetzt nicht zu fliegen."

„Nein, Herr Bürgermeister?"

„Nein, Anton. Es war alles ein Mißverständnis. Es gibt keinen Krieg — keinen Feind — keine Belagerung. Das ganze ist nur Nato-Manöver. Schade! Da, du kannst es selber lesen."

Langsam, fast ungern, nahm Kurtfidel den Helm ab, übergab ihn Anton und ließ sein feuerrotes Gesicht sehen. Langsam bückte er sich, hob den Koffer auf und schob ihn aus dem Ballonkorb. Dann wollte er ebenfalls auf sicheren Boden hinausklettern. Er hatte schon das eine Bein über dem Korbrand, als er zu seinem großen Erstaunen entdeckte, daß es keinen Boden mehr gab. Vom Übergewicht befreit, war der Ballon geräuschlos und graziös in die Höhe gestiegen. Der Korb schwebte jetzt unweit eines gotischen Kirchturmfensters und von der

leichten Brise getrieben flog er langsam aber sicher der
Ringmauer zu. Kurtfidel zog das Bein rasch zurück, seine
Hände umklammerten die Korbleinen und er blickte mit
weit aufgerissenen Augen hinunter.

Die Stadt war jetzt ziemlich weit unter ihm. Er konnte
sehen, wie die Menschen aus den Häusern und auf den
Marktplatz strömten, um zu beobachten, wie der riesige
Ballon davonflog. Er konnte sich vorstellen, wie Anton
ihnen das Telegramm vorlas und wie sie jubelten und
schrien. Dann hatte er die Stadt hinter sich gelassen.

Er machte die Augen zu. Er konnte einfach nicht mehr
hinunterschauen. Dieser Blick über die vertraute kleine
Stadt, in der er sein ganzes Leben verbracht hatte . . . Es
war zu viel!

Sanft wiegte der Ballon den kleinen Bürgermeister und
trug ihn sicher über die Ringmauer, über die Bäume, über
die Weinberge, die die Hänge bedeckten. Er flog in
gerader Linie über das Tal. Nur einmal öffnete Kurtfidel
die Augen: sein angstvoller Blick fiel auf den Fluß, der
tief unten in der Sonne schimmerte. Er machte die Augen
rasch wieder zu und faltete fromm die Hände, fest überzeugt, daß seine letzte Stunde gekommen sei.

Aber jenseits des Flusses stieg das Land steil an. Der
leichte Wind, der den Ballon getrieben hatte, ließ langsam
nach. Kurtfidel hörte ein scharfes Krachen und ein Knistern. Er wurde geschüttelt und umgeworfen, dann war
alles plötzlich sehr still. Da lag er jetzt, am Boden des
Korbes, der leise hin und her baumelte, und wagte nicht,
die Augen aufzumachen. Durch seine Augenlider drang
ein grünliches Licht. Wo war er denn? War er schon tot?

Auf einmal hörte er ganz in der Nähe den beruhigenden
Ruf: Kuck-kuck! Kuck-kuck!

Er öffnete die Augen. Der Korb war an den Ästen eines
großen Baumes hängengeblieben. Über ihm dehnte sich

die gelbe Seide des Ballons und der Korb selber schwebte frei gute acht Meter über dem Boden. Er war zwar gelandet — aber, ob acht oder achtzig Meter entfernt, der Boden schien ihm gleich unerreichbar.

•

# Kommt Zeit, kommt Rat!

„Hilfe!" schrie er, so laut er konnte. „Zu Hilfe!"

„Kuck-kuck!" antwortete der Vogel auf seinen verzwei-
felten Schrei und flog langsam davon.

Er rief noch einmal. Diesmal hörte er eine menschliche
Stimme, zwei sogar: die eine hoch und weiblich, die andere tiefer und männlich. Die eine glich sonderbarerweise
der seiner Tochter. Aber das war doch unmöglich. So
etwas phantasiert man vor lauter Angst, nicht?

Aber als Kurtfidel hinunterschaute, stellte er fest, daß
er doch recht hatte. Es war tatsächlich Felicitas. Und
neben ihr stand — Oh Grauen! — Lorenz Grimm.

„Was machst du da, Vater?" fragte Felicitas und
kicherte.

„Ich sammle Vogeleier natürlich," antwortet ihr Vater
sauer. „Wo bin ich überhaupt? Und was machst du da?"

„Schloß Grimm," antwortete Lorenz mit einem boshaf-
ten Grinsen. „Seien Sie willkommen!"

„Schaut mich nicht so dumm an, ihr zwei!" rief Kurtfidel. „Tut etwas! Holt eine Leiter, damit ich hinunter-
klettern kann!"

„Holst du eine, Lorenz?" fragte Felicitas.

„Das kommt darauf an," antwortete er nachdenklich,
wer Sie eigentlich sind, dort oben im Ballon."

„Wie meinen Sie das?" stotterte Kurtfidel, fast außer
sich vor Wut.

„Das ist doch ganz klar," antwortete Lorenz kühl. „Ich
würde, zum Beispiel, nicht den Erzfeind meines Vaters
aus einem Baum retten. Ich bin doch ein pflichtbewußter

Sohn. Hingegen aber würde ich gern den Vater dieses netten Mädchens retten." Er lachte und Felicitas stimmte ein. Nur Kurtfidel lachte nicht.

So geschah es, daß Felicitas am Ende doch die Freiheit erhielt, selbst ihre Freunde auszusuchen.

„Reine Erpressung!" brummte Kurtfidel, sobald er wieder auf festem Boden stand. Aber das erste Glas Wein, das Lorenz ihm später einschenkte, versöhnte ihn wieder mit dem Burschen. Lorenz war eigentlich ein recht netter Kerl. Nach dem vierten Glas hatte er ihn sogar umarmt und zum Abendessen eingeladen. Ein Glück, daß Lorenz' Vater, Adalbert, nicht zu Hause war!

„Wie kommen wir nun wieder nach Dinkelburg zurück?" wollte Kurtfidel wissen, nachdem er sich von seinem anstrengenden Flug erholt hatte.

Auch da wußte Lorenz Rat — ein ganz gescheiter

Mensch! „Leider haben wir jetzt kein Auto," gestand er. „Das hat mein Vater mitgenommen. Aber das Hauptquartier der Nato-Division liegt ganz in der Nähe. Wir werden sicher einen Wagen borgen können."

Gesagt, getan. Eine Viertelstunde später rollte der kleine Bürgermeister stolz und triumphierend mit seiner Tochter nach Dinkelburg zurück, auf einem Panzerwagen, als wäre er der Eroberer der Stadt.

Weit hinter ihnen, über einem Baum im Park von Schloß Grimm, baumelte ein riesiger gelber Ballon leise hin und her. Vor ihnen aber waren die Tore von Dinkelburg weit geöffnet. Alle Zeichen der falschen Belagerung waren verschwunden, der Jahrmarkt war in vollem Gange und die Leute tanzten wieder fröhlich auf dem alten Marktplatz, während die Sonne hinter den Weinbergen unterging. Es versprach, ein herrlicher Abend zu werden.

# Phrases

## 1. Der Jahrmarkt

Auf den Straßen regte sich kein Mensch.
Etwas war los.
Er hatte Arbeit immer gern.
Das wissen Sie doch!
So lautet die Legende.
Die Besatzung war dem Hungertode nah.
Es gelang ihm, diese harte Probe zu bestehen.
Er war sehr stolz auf ihn.
Es kommt kein Fremder in die Stadt.
Die wollen lieber tanzen und feiern.
Wenn ich nicht Bürgermeister wäre.

## 2. Der Bürgermeister zu Hause

Er ruhte sich aus.
Er schnarchte seit einer halben Stunde.
Sie hatte keine Angst vor dem Bürgermeister.
Sie wußte genau, wie er zu behandeln war.
Ich habe etwas mit dir zu besprechen.
Das ist es eben.
Sie hilft mit im Haushalt.
Mit der Schmeichelei kommst du nicht weiter bei mir.
Er wußte einfach nicht, wohin das alles führte.
Er wohnte draußen auf dem Lande.
Seit mehreren Monaten.
Er hatte sich in der Stadt nicht blicken lassen.
Er geriet außer sich vor Wut.

### 3.  Auf dem Jahrmarkt

Er versprach, ein großer Erfolg zu werden.
Die jungen Leute tanzten dazu.
Mittels eines Taues.
Die Kinder durften sogar in den Korb hineinklettern.
Er sagte sich immer wieder . . .
Er unterhielt sich wie ein Kind.
Er hielt sich für einen Meisterschützen.
Er war außer Atem.
Ohne es einmal anzuschauen.
Kümmere dich lieber um meine Frau und Tochter.
Er hatte das Ziel verfehlt.

### 4.  Der Feind naht

Am übernächsten Tag.
Pech! Gerade heute wollte ich spazieren gehen.
Kein einziges Wölkchen war zu sehen.
Keine Spur von einem Gewitter.
Es näherte sich offenbar der Stadt.
Aber wie war das nur möglich?
Er stieß mit Anton zusammen.
Von hier aus.
Oben holten sie einen Augenblick Atem.
Zu ihren Füßen.
Er zeigte mit zitternder Hand auf die Straße.

### 5.  Die Belagerung

Sie schauten einander an.
Es werden wohl diese Schurken sein.
Das sieht ihnen ganz ähnlich.
Das Gespräch wurde unterbrochen.
Ganz in der Nähe.
Kunststück!

Wozu ist er nicht fähig?
Sie schlichen die Wendeltreppe wieder hinunter.
Er hatte sich gefaßt.
Die eine Hand vorn in die Jacke gelegt.
Damit jeder sie lesen kann.
Sie wußten, daß der Stadt irgendeine Gefahr drohte.
In kürzester Zeit.
Ich kann mich auf euch verlassen.


## 6.   Mit allen Waffen . . . !

In der Hoffnung, die Stadt zu verteidigen.
Was nur mit viel Mühe geschah.
Seit langer Zeit.
Er teilte die Waffen der Sammlung an die Männer aus.
Allem Anschein nach.
Bis Mittag.
Geschweige denn . . .
Er wollte es gut überlegen.
Es roch herrlich nach Rindsuppe und Braten.
Was hat ein Weib in einem Kriegsrat zu suchen?
Da fiel ihm seine Frau ins Wort.
Er setzte sich gleich an den Tisch.
Hunderte von Ausreden fielen ihm ein.


## 7.   Wo ist Felicitas?

Eine Viertelstunde genügte.
Jetzt weiß ich genau, wo sie hingegangen ist.
Aber gerade das habe ich ausdrücklich verboten.
Wer immer sein Vater sein mag.
Ich habe ihn recht gern.
Wir nehmen die Sache in die Hand.
Noch dazu . . .
Seine Frau hatte wahrscheinlich recht.
Er mußte aus der Stadt heraus.
Er steckte in einer furchtbaren Klemme.
Er leerte es in einem Zug.

Nicht, daß ich mich fürchte.
Eine Zeitlang war Schweigen.
So gibt es nur die eine Möglichkeit.


## 8.    Abfahrt zwei Uhr

Das dauerte länger, als er geglaubt hatte.
Es fiel ihm noch etwas ein.
Er blieb einen Augenblick stehen.
Er ging langsam davon.
Leise vor sich hinpfeifend.
Er kam wieder zum Vorschein.
In Begleitung einer zweiten Gestalt.
Sie schritten auf den Ballonkorb zu.
Er hatte es gar nicht leicht.
Sie verschwand kopfüber im Korb.
Der Kopf tauchte wieder auf.
Ihm wurde es offenbar zu warm.


## 9.    Der fliegende Bürgermeister

Dann stutzte er.
Woher kommt denn auf einmal das Telegramm?
Ich brauche jetzt nicht zu fliegen.
Er nahm den Helm ab.
Er ließ sein feuerrotes Gesicht sehen.
Er wollte auf sicheren Boden hinausklettern.
Mit weit aufgerissenen Augen.
Dann hatte er die Stadt hinter sich gelassen.
Er machte die Augen zu.
In gerader Linie.
Das Land stieg steil an.
Der Wind ließ langsam nach.
Der Korb war hängengeblieben.
Gute acht Meter.

### 10. Kommt Zeit, kommt Rat!

So laut er konnte.
Zu Hilfe!
Die eine glich der seiner Tochter.
Wo bin ich überhaupt?
Seien Sie willkommen!
Das kommt darauf an.
Hingegen aber . . .
Felicitas stimmte ein.
Er hatte ihn zum Abendessen eingeladen.
Auch da wußte er Rat.
Gesagt, getan!
Der Jahrmarkt war in vollem Gange.

# Vocabulary

Strong verbs are marked (St) and Mixed or Irregular verbs (Irr). A mark after a prefix indicates that the verb is separable. Where adverbs are the same as adjectives only adjectives have been given. The meanings given refer primarily to their use in this text.

## A

der **Abend,** evening
das **Abendessen,** supper
die **Abendzeit,** evening hour
    **aber,** but
die **Abfahrt,** departure
    **ab′nehmen** (St), take off
    **ab′spülen,** wash up
    **ab′wischen,** wipe
das **Afrika,** Africa
    **ähnlich,** similar
      **das sieht ihnen ganz ähnlich,** just like them
    **allerdings,** to be sure
    **allerlei,** all kinds of
    **alles,** everything
    **als,** when; than; as if
      **als sei nichts geschehen,** as if nothing had happened
    **also,** so, therefore
    **alt,** old
    **altertümlich,** old-fashioned
    **an,** at, on
der **Anblick,** view
    **ander-,** other

    **an′fangen** (St), start
die **Angelegenheit,** affair
der **Angriff,** attack
die **Angst,** fear
      **angst vor jemandem haben,** be afraid of someone
    **ängstlich,** anxious
    **angstvoll,** full of fear
    **an′kommen** (St), arrive
      **das kommt darauf an,** that depends
die **Annahme,** assumption
    **an′schauen,** look at
der **Anschein,** appearance
      **allem Anschein nach,** apparently
    **an′sehen** (St), look at
    **an′steigen** (St), rise (of land)
    **anstrengend,** tiring
die **Anstrengung,** exertion
    **antworten,** answer
der **Appetit,** appetite
die **Arbeit,** work
    **arbeiten,** work
das **Arbeitszimmer,** study
    **arm,** poor
der **Ast,** branch

36

der **Atem,** breath
    **Atem holen,** draw breath
    **außer Atem,** out of breath
**auch,** also
**auf,** on, at
    **auf ... zu,** towards
**auf'gehen** (St), open (*Intrans*)
**aufgerissen,** wide open
**auf'hängen,** hang up
**auf'heben** (St), pick up
die **Aufregung,** excitement
**auf'springen** (St), jump up
**auf'stellen,** set up, erect
**auf'suchen,** visit
**auf'wachen,** wake up (*Intrans*)
das **Auge,** eye
der **Augenblick,** moment
das **Augenlid,** eyelid
    **aus,** out of
    **vom Turm aus,** from the tower
    **aus'brechen** (St), break out
    **ausdrücklich,** expressly
    **aus'führen,** carry out (plan)
    **ausgeschlossen,** out of the question
die **Ausrede,** excuse
sich **aus'ruhen,** rest
    **außer,** outside
    **außer sich,** beside himself
    **außerdem,** besides
die **Aussicht,** view
    **aus'suchen,** choose

**aus'teilen,** distribute
**aus'trinken** (St), drink (up)
das **Auto,** car
**automatisch,** automatic

## B

**bald,** soon
der **Ballon,** balloon
der **Ballonkorb,** basket (of a balloon)
der **Ballonflug,** balloon flight
der **Barbar,** barbarian
**bauen,** build
der **Baum,** tree
**baumeln,** sway, dangle
**beenden,** end
der **Befehl,** order
**befehlen,** (St), order
**befreit,** freed
**begabt,** gifted
in **Begleitung,** in the company of
**begnadigen,** pardon
**begrüßen,** greet, welcome
**behandeln,** treat
**behindern,** hinder
**bei,** with, at
**beide,** both
    **alle beide, die beiden,** both of them
das **Bein,** leg
**beinahe,** nearly
das **Beispiel,** example
    **zum Beispiel,** for example
**belagern,** besiege
die **Belagerung,** siege

**benützen,** use
**beobachten,** observe, watch
**bequem,** comfortable
**berichten,** report
**beruhigend,** soothing
**berühmt,** famous
die **Besatzung,** garrison
**beschließen** (St), resolve, decide
der **Besen,** broom
**besprechen** (St), talk over
**besser,** better
**best,** best
**bestehen** (St), exist
  **eine Probe bestehen,** pass a test
**besuchen,** visit
sich **betätigen,** participate
**bevor,** before
**bewundern,** admire
das **Bild,** picture
der **Bienenkorb,** beehive
das **Bier,** beer
**bis,** until, by
  das **Blei,** lead (metal)
**bleiben** (St), stay
**bleich,** pale
der **Blick,** look, view
**blicken,** glance
  **sich nicht blicken lassen,** not to appear
die **Blume,** flower
**blutig,** bloody
der **Boden,** ground
  **zu Boden,** to the ground
**borgen,** borrow

**boshaft,** malicious, mischievous
der **Braten,** roast (meat)
**brauchen,** need
**bringen** (Irr), bring
  **in Ordnung bringen,** put in order
die **Brise,** breeze
**brummen,** grumble
sich **bücken,** bend down
das **Büffett,** sideboard
**bumm!** bang!
**bunt,** multi-coloured, gay
der **Bürger,** citizen
der **Bürgermeister,** mayor, burgomaster
der **Bursch,** fellow, lad
**da,** then, there
sich **dahin'winden** (St), here: flow in curves, meander
**damit,** with it (them); so that
**daneben,** beside it (them)
der **Dank,** thanks
  **Gott sei Dank!** thank heavens!
**dann,** then
**darauf,** on, at it (them)
**darunter,** under it (them)
**daß,** that (conjunction)
**dauern,** last
**davon,** from it (them)
**davon'fliegen** (St), fly away
**dazu,** to it (them)
  **noch dazu,** in addition, into the bargain

**dazwischen,** between them

**der Deckel,** lid

**sich dehnen,** stretch (Intransitive)

**denken** (Irr), think

**denn,** for, since

**deprimierend,** depressing

**deshalb,** for that reason, so

**dick,** fat

**die Diele,** hall

**der Diener,** servant

**dies,** this

**dieser,** the latter

**diesmal,** this time

**das Ding,** thing

**die Division,** division

**doch,** yet, surely

**donnern,** thunder

**das Donnern,** thundering

**dort,** there

**sich drängen,** throng, crowd

**draußen,** outside

**dringen** (St), penetrate, (here) shine

**dringend,** urgent

**drohen,** threaten

**das Dröhnen,** rumbling

**dumm,** stupid

**dumpf,** hollow, dull (of sound)

**durch,** through

**dürfen** (Irr), may, be allowed

**dürftig,** scanty, sparse

**düster,** gloomy

**das Dutzend,** dozen

## E

**eben,** just, exactly

**ebenfalls,** also

**ehemalig,** former

**eher,** rather

**ehrlich,** honest, true

**eifrig,** eager, keen

**eigentlich,** actual

**eilen,** hurry

**einander,** one another

**sich ein'bilden,** imagine

**einfach,** simple, simply

**ein'fallen** (St), occur (to one)

**einige,** a few

**ein'laden** (St), invite

**einmal,** once

  **auf einmal,** suddenly, all at once

  **noch einmal,** once more

**ein'packen,** pack

**ein'schenken,** pour out

**ein'schließen** (St), encircle

**ein'stimmen,** join in

**ein'stoßen** (St), batter in

**ein'treten** (St), enter

**der Eintritt,** entrance, entry

**einzig,** only

**das Eis,** ice

**die Eisdiele,** ice-cream stall

**der Ellbogen,** elbow

**das Ende,** end

  **zu Ende,** at an end

**endlich,** at last

**enorm,** enormous

**entfernt,** distant, away

**entdecken,** discover

**entgegen,** towards

**entgegnen,** reply, retort

**entlang,** along

**entschieden,** resolute

**entschlossen,** resolute

**entsetzt,** horrified

**entstehen** (St), arise

**entweder . . . oder,** either . . . or

**entzückt,** delighted

**erben,** inherit

die **Erde,** earth, ground

der **Erfolg,** success

**ergreifen** (St), seize

**erhalten** (St), receive, get

sich **erheben** (St), get up

sich **erholen,** recover

**erkennen** (Irr), recognize

**erklären,** declare; explain

**erleichtert,** relieved

**ernst,** serious

**Ernstes,** serious matters

**eröffnen,** open

der **Eroberer,** conqueror

die **Erpressung,** blackmail

**erreichen,** reach

**erscheinen** (St), appear

**erschrecken,** frighten

**erst,** first; only

das **Erstaunen,** astonishment

**erstaunt,** in astonishment

sich **erstrecken,** stretch

**erwachsen,** grown up

**erzählen,** tell

der **Erzfeind,** arch enemy

**essen** (St), eat

die **Eßpause,** break for a meal

**etwas,** something; some, a little

## F

**fähig,** capable

**wozu ist er nicht fähig?** What is he not capable of ?

die **Fahne,** flag

**fallen** (St), fall

**ins Wort fallen,** interrupt

**falsch,** false

die **Familie,** family

die **Farbe,** colour

sich **fassen,** pull oneself together

**fast,** almost

die **Fehde,** feud

**feiern,** celebrate

der **Feiertag,** holiday

**fein,** fine

der **Feind,** enemy

**feindlich,** hostile, enemy

das **Fenster,** window

die **Ferne,** distance

**fertig,** ready, finished

**fest,** firm

**fest′halten** (St), secure

**fest′stellen,** ascertain, (here) see

die **Festung,** fortress, fortified town

**feuerrot,** bright red

**finanziert,** financed
**finden** (St), find
**flattern,** flutter
**fliegen** (St), fly
das **Fluchen,** swearing
der **Flug,** flight
der **Fluß,** river
**flüstern,** whisper
**folgsam,** obedient
**fort'fahren** (St), continue
**fort'setzen,** continue
**fragen,** ask
die **Frau,** woman, wife
**frei,** free
der **Freiballon,** balloon
die **Freiheit,** freedom
**freilich,** to be sure, of course
der **Freitag,** Friday
der **Fremde,** stranger
der **Freund,** friend
die **Freundin,** (woman) friend
**freundlich,** friendly
der **Frieden,** peace
**friedlich,** peaceful
**frisch,** fresh
**fröhlich,** merry
**fromm,** pious
**führen,** lead; wage (war)
**führend,** leading
der **Führer,** leader, pilot
**fünft,** fifth
**für,** for
**furchtbar,** frightful
sich **fürchten,** be afraid
**fürchterlich,** frightful

der **Fuß,** foot
**zu ihren Füßen,** at their feet

## G

der **Gang,**
**in vollem Gange,** in full swing
**ganz,** whole; (adv) quite
das **Ganze,** the whole thing
die **Gasse,** alley, street
**geben** (St), give
**es gibt,** there is (are)
**was gibt's?** what is there?
der **Gedanke,** thought
die **Gefahr,** danger
**Gefrorenes,** ice-cream
**gegen,** against; at about
**gehen** (St), go, walk
**geht's?** all right?
**spazieren gehen,** go for a walk
**gelb,** yellow
das **Geld,** money
**gelingen** (St), succeed
**ihm gelang es,** he succeeded
**gellend,** piercing
**gemütlich,** cosy
**genau,** exact
**genug,** enough
der **Genuß,** pleasure
das **Gepäck,** luggage
**gerade,** just; (adj) straight
**geraten** (St), get, become
**außer sich geraten,** get worked up

4

**geräuschlos,** soundlessly
**gereizt,** irritated
**gern,** willingly
  **gern haben,** like
  **gern (tun),** like (doing)
der **Geruch,** smell
**gesamt,** whole, total
**geschehen (St),** happen
**gescheit,** clever
**geschmolzen,** molten
**geschweige denn,** let alone
**geschwind,** quick
das **Gesicht,** face
das **Gespräch,** conversation
die **Gestalt,** figure
**gestehen (St),** admit
**gesund,** healthy, safe
das **Gewicht,** weight
**gewinnen (St),** win
das **Gewitter,** thunder storm
das **Glas,** glass
**glätten,** smooth out
**glauben,** believe
**gleich,** (adv) immediately, at once; equally (adj) same
**gleichen (St),** be like, resemble
**glorreich,** glorious
das **Glück,** happiness, luck
  **Glück auf!** good luck!
**glücklich,** happy
**glücklicherweise,** luckily
**gotisch,** Gothic
der **Gott,** god

**Gott sei Dank!** thank heavens!
das **Grauen,** horror
**graziös,** gracefully
die **Grenze,** border
  **keine Grenzen,** no bounds
das **Grinsen,** grin
**groß,** big, tall
**grün,** green
**grünlich,** greenish
**gucken,** look, peep
**gut,** good, well

## H

**halb,** half
**halbwegs,** more or less
**halten (St),** hold
sich **halten (St) für,** think oneself
die **Hand,** hand
der **Hang,** slope
**hängen (St),** hang
**hängen′bleiben (St),** stick
**harmlos,** harmless
**hart,** hard
der **Haß,** hatred
das **Hauptquartier,** headquarters
das **Haus,** house
  **nach Hause,** (towards) home
  **zu Hause,** at home
**heben (St),** lift
das **Heer,** army
**heftig,** violent
die **Heimatstadt,** home town
**heiß,** hot

**heißen** (St), to be called
   **das heißt,** that is
**heiter,** cheerful
**helfen** (St), help
der **Helm,** helmet
**heraus,** out
   **aus der Stadt heraus,** out of the town
der **Herr,** lord
   **herrlich,** marvellous
   **herrschen,** rule
   **herum'stehen** (St), stand about
**heuer,** this year
**heute,** today
**hier,** here
die **Hilfe,** help
   **(zu) Hilfe!** help!
der **Himmel,** sky
   **himmelblau,** sky-blue
   **hin und her,** backwards and forwards
**hinauf,** up
**hinaus,** out
   **hinaus'blicken,** look out
   **hinaus'sehen** (St), look out
   **hinein'klettern,** climb in
**hingegen,** on the other hand
**hin'gehen** (St), go (there)
**hinpfeifend**
   **vor sich hinpfeifend,** whistling to himself
**hinter,** behind

**hinunter'blicken,** look down
**hinunter'klettern,** climb down
**hinunter'schauen,** look down
**hinunter'schleichen** (St), creep down
**hinzu'fügen,** add
die **Hitze,** heat
**hoch,** high
**höchst,** highest
   **höchste Zeit,** high time
   **höchstens,** at the most
die **Hoffnung,** hope
die **Höhe,** height
   **in die Höhe,** up
**höhnisch,** scornful
**holen,** fetch
das **Holzbrett,** wooden plank
**hören,** hear
die **Hosentasche,** trouser pocket
der **Hügel,** hill
das **Hundert,** hundred
der **Hungertod,** starvation
der **Hut,** hat

## I

**immer,** always
   **noch immer,** still
   **wer immer,** whoever
   **immer wieder,** again and again
**immerhin,** all the same
das **Inhaltsverzeichnis,** contents
**instinktiv,** instinctive

**intim,** intimate
**irgendetwas,** something (or other)
**irgendwann,** some time (or other)
**irgendwie,** somehow (or other)

**J**

**ja,** indeed
die **Jacke,** jacket
das **Jahr,** year
das **Jahrhundert,** century
der **Jahrmarkt,** fair
**jeder,** every, each
**jedesmal,** every time
**jemand,** someone, anyone
**jenseits,** beyond
**jetzt,** now
**jubeln,** shout with joy
die **Jugendzeit,** youth

**K**

der **Kampf,** fight, struggle
die **Kanone,** cannon, gun
die **Kasse,** cash-box
**kauern,** cower
**kaufen,** buy
**kennen** (Irr), know
**kennen'lernen,** get to know
der **Kerl,** fellow
**keuchen,** pant, puff
**kichern,** giggle
**kilometerweit,** for miles
das **Kind,** child
das **Kinderspielzeug,** child's toy

der **Kirchturm,** church tower
**klar,** clear
die **Kleider** (pl), clothes
**klein,** small
die **Klemme,** dilemma
**klettern,** climb
**klingen** (St), sound
das **Knallen,** firing
**knapp,** concise, terse
das **Knistern,** crackling
**kochen,** cook
der **Koffer,** suitcase
die **Kolonne,** column
**kommen** (St), come
**kommt Zeit, kommt Rat,** time brings wisdom
**können** (Irr), can, be able
**kontrollieren,** check
**kopfüber,** head over heels
der **Korb,** basket
das **Korbinnere,** inside of the basket
die **Korbleine,** basket-rope
der **Korbrand,** edge of the basket
**köstlich,** delicious
das **Krachen,** cracking
die **Kraft,** strength
**krebsrot,** red as a lobster
**kreidebleich,** white as a sheet
der **Krieg,** war
**kriegen,** get
der **Kriegsrat,** council of war

der **Kriegszustand,** state of war
**kühl,** cool
sich **kümmern um,** concern oneself with, look after
**Kunststück!** simple!
die **Kurve,** curve
**kurz,** short; in short

## L

**lächeln,** smile
**lachen,** laugh
das **Lager,** camp
das **Land,** country
   **auf dem Lande,** in the country
**landen,** land
die **Landkarte,** map
**lang,** long
**langsam,** slow
**längst,** long; long ago
sich **langweilen,** get bored
**lärmen,** make a noise
**lassen** (St), leave, let
   **sagen lassen,** tell, inform
   **sehen lassen,** show
die **Laune,** mood
**laufen** (St), run
**laut,** loud, aloud
**lauten,** read, run
**läuten,** ring
**lauter,** sheer
das **Leben,** life
**leer,** empty
die **Legende,** legend
**leicht,** easy, light
   **er hat es leicht,** he has an easy job of it

**leider,** unfortunately
**leise,** soft
die **Leiter,** ladder
**lesen** (St), read
**letzt,** last
   **in letzter Zeit,** recently
   **letzter-,** the latter
**leugnen,** deny
die **Leute,** people
das **Licht,** light
**lieb,** dear
**lieben,** love
**liegen** (St), lie
die **Linie,** line
**los!** go on!
   **was ist los?** what's wrong?
   **etwas ist los,** something is going on
**los′binden** (St), untie
der **Löwe,** lion
die **Luft,** air
die **Lust,** pleasure

## M

**machen,** make, do
**mächtig,** powerful
**machtlos,** powerless
das **Mädchen,** girl
der **Magen,** stomach
der **Mann,** man, husband
**männlich,** male
das **Manöver,** manœuvre, exercise
die **Mark,** Mark (about 1/10)
der **Marktplatz,** market square

das **Maschinengewehr,** machine-gun

das **Maß,** litre (of beer)

die **Mathematik,** mathematics

die **Mauer,** wall

die **Maus,** mouse

**mehr,** more

  **nicht mehr,** no longer

  **nie mehr,** never again

**mehrere,** several

**meinen,** suppose, think, say

  **wie meinen Sie das?** what do you mean by that?

**meist,** most

der **Meisterschütze,** crack shot

**melden,** report

der **Mensch,** man, person

das **Menschengewühl,** crowd of people

**menschlich,** human

der **Messingsknopf,** brass button

**mit,** with

  **mit'nehmen** (St), take with one

der **Mittag,** midday

das **Mittagessen,** midday meal

die **Mittagsruhe,** midday rest, siesta

**mittelalterlich,** medieval

**mittels,** by means of

**mögen** (Irr), may; like

**möglich,** possible

die **Möglichkeit,** possibility

der **Moment,** moment

der **Monat,** month

**morgen,** tomorrow

die **Mühe,** trouble, difficulty

**mühelos,** without difficulty

**murmeln,** murmur

das **Museum,** museum

**müssen,** must, have to

### N

**na, und . . .?** so what?

**nach,** after, to

**nachdem,** after

**nachdenklich,** thoughtful

**nach'lassen** (St), slacken

der **Nachmittag,** afternoon

die **Nachricht,** news

die **Nähe,** vicinity

  **in der Nähe,** near

**nahen,** approach

sich **nähern,** approach

**napoleonisch,** Napoleonic

die **Nase,** nose

**natürlich,** natural

**neben,** beside, next to

das **Nebenzimmer,** next room

**nehmen** (St), take

  **in die Hand nehmen,** take in hand

**nett,** nice

**neu,** new

**neugierig,** curious, inquisitive

**nichts,** nothing

**gar nichts,** nothing at all
**nie,** never
  **nie mehr,** never again
**niemand,** no one
**noch,** yet, still
  **noch dazu,** into the bargain
  **noch einmal,** once more
  **noch etwas,** something else
  **noch immer,** still
**nötig,** necessary
**nun,** now
**nur,** only

**peinlich,** embarrassing
**persönlich,** personal
die **Persönlichkeit,** personality
**pflichtbewußt,** dutiful
**phantasieren,** imagine
der **Plan,** plan
der **Platz,** square
  **plötzlich,** suddenly
das **Podium,** platform, dais
das **Poltern,** rattle
das **Porträt,** portrait
die **Proklamation,** proclamation
der **Proviant,** provisions
das **Prunkstück,** centrepiece, high-light
der **Punkt,** point
  **putzen,** clean

## O

**ob,** whether
**oben,** at the top
die **Oberhand,** upper hand
**oder,** or
**offenbar,** evident
**offensichtlich,** apparent
**öffnen,** open
**ohne,** without
das **Öl,** oil
die **Ordnung,** order
  **in Ordnung bringen** (Irr), tidy

## R

**rasch,** quick
der **Rat,** advice
der **Ratgeber,** advisor
das **Rathaus,** town hall
  **recht,** really, very
  **recht haben** (Irr), be right
sich **regen,** stir, move
  **reichlich,** abundant
  **rein,** clear, pure; purely
die **Reise,** journey
  **reißen** (St), tear
  **rennen** (Irr), run
die **Reste** (pl), remains
  **retten,** save
  **riechen** (St) **nach,** smell of
  **riesig,** huge
die **Rindsuppe,** beef broth

## P

**packen,** pack
der **Panzerwagen,** armoured car
der **Park,** park
die **Pause,** pause

die **Ringmauer,** city wall

die **Ritterrüstung,** suit of armour

**rollen,** roll

das **Rollen,** rumbling

**rostig,** rusty

der **Ruf,** call

die **Ruhe,** peace, quiet

**ruhig,** quiet, calm

die **Runde,** round

die **Runde machen,** go the rounds

**rundlich,** plump

## S

die **Sache,** thing, affair

**sachlich,** objective

**sagen,** say

**gesagt, getan,** no sooner said than done

**sammeln,** collect (trans)

sich **sammeln,** collect (intrans)

die **Sammlung,** collection

der **Samstag,** Saturday

**sanft,** soft

**sauer,** sour

**schade!** a pity!

**scharf,** sharp

die **Schau,** show

**schauen,** look

**schaukeln,** sway, rock

**scheinbar,** apparently

**scheinen** (St), shine; seem

**schieben** (St), push

das **Schieben,** pushing

die **Schießbude,** shooting booth

**schimmern,** glitter, shine

der **Schlaf,** sleep

**schlafen** (St), sleep

**schläfrig,** sleepy

**schleichen** (St), creep

**schleppen,** drag

die **Schleuder,** catapult

**schließen** (St), close, finish

**schließlich,** finally

das **Schloß,** castle, country house

die **Schmeichelei,** flattery

der **Schnaps,** spirits

**schnarchen,** snore

**schnauben,** puff

**schnell,** quick, fast

**schon,** already

**schön,** beautiful

der **Schrei,** cry, shout

**schreien** (St), cry, shout

**schreiten** (St), step, stride

**schroff,** abrupt

die **Schule,** school

der **Schurke,** scoundrel

**schütteln,** shake

die **Schwäche,** weakness

**schweben,** hover

**schweigen** (St), be silent, stop talking

das **Schweigen,** silence

**schwer,** heavy, difficult

die **Schwierigkeit,** difficulty

**sehen** (St), see

das **sieht ihnen ähnlich,** that's just like them

**ehr,** very

**seid . . .!** (imperative) be . . .!

**seit,** since

**seit langer Zeit,** for a long time

die **Seite,** side

**selb-,** same

**selber,** (your)self

**selbst,** even; itself

**seltsam,** strange

der **Sessel,** arm-chair

sich **setzen,** sit down

**seufzen,** sigh

**sicher,** certain

**siedend,** boiling

das **Siegel,** seal

**sitzen** (St), sit

**sobald,** as soon as

**sofort,** immediately

**sogar,** even

**sogenannt,** so-called

der **Sohn,** son

**solange,** as long as

**solch-,** such

**sollen** (Irr), ought to

**sollte,** should, was to

**sonderbarerweise,** strange to say

die **Sonne,** sun

**sonst,** otherwise, normally

die **Sorge,** concern, worry

**spannend,** exciting

**spät,** late

**spazieren gehen** (St), go for a walk

der **Spaziergang**

**spielen,** play

**sprechen** (St), speak

der **Springbrunnen,** fountain

**springen** (St), jump

die **Stadt,** town

die **Stadtkapelle,** town band

das **Stadttor,** town gate

**stammen,** come from

der **Stand,** stall, booth

die **Stange,** pole

**statt,** instead of

die **Statue,** statue

das **Staubtuch,** duster

**stecken,** put; be stuck

**stehen** (St), stand

**stehen bleiben** (St), stop, stand still

**steigen** (St), climb

der **Stein,** stone

**sterben** (St), die

**still,** quiet, still

die **Stimme,** voice

**stöhnen,** groan

**stolz** (auf), proud (of)

**stören,** bother

**stottern,** stutter

das **Stottern,** stuttering

**strafend,** reproachful

die **Straße,** street, road

**streiten** (St), quarrel

**streng,** severe, stern

**strömen,** stream

das **Stück,** piece

die **Stunde,** hour, time

**stürzen,** rush

**stutzen,** be taken aback

**stützen,** support

**suchen,** look for

**süddeutsch,** South German

**südlich,** southern

das **Südtor,** south gate
die **Summe,** sum, amount
    **summen,** hum
die **Süßigkeit,** sweet

## T

der **Tag,** day
das **Tal,** valley
der **Tank,** tank
    **tanzen,** dance
der **Tänzer,** dancer
der **Tanzplatz,** dance-floor
    **tapfer,** brave
die **Tasche,** pocket
das **Taschentuch,** handkerchief
die **Tätigkeit,** activity
    **tatsächlich,** actual
das **Tau,** rope, cable
das **Telegramm,** telegram
    **teuer,** dear
    **tief,** deep
    **tiefblau,** deep blue
der **Tisch,** table
    **toben,** storm
die **Tochter,** daughter
das **Tor,** gate
    **tragen** (St), carry, wear
    **träumen,** dream
    **traurig,** sad
    **treffen** (St), meet
      **Vorbereitungen treffen,** make preparations
    **treiben** (St), drive
    **treu,** faithful, loyal
    **trinken** (St), drink
    **triumphierend,** triumphant
    **tun** (St), do

die **Tür,** door
der **Turm,** tower

## U

    **über,** over, about, across
    **über'geben** (St), surrender, hand over
das **Übergewicht,** excess weight
    **überhaupt,** at all
    **überhaupt kein,** no . . . at all
    **wo bin ich überhaupt?** where *am* I ?
    **überlegen,** reflect, think
    **übernächst,** next but one
    **überreichen,** hand over
    **überzeugt,** convinced
die **Uhr,** clock, watch
    **umarmen,** embrace
sich **um'drehen,** turn round
    **umgeben** (St), surround
die **Umgebung,** surroundings
    **umklammern,** clutch
der **Umschlag,** envelope
    **um'werfen** (St), throw down
    **unbemerkt,** unnoticed
    **unbestritten,** unchallenged
    **undeutlich,** indistinct
    **unentbehrlich,** indispensable
    **unerreichbar,** inaccessible
    **ungehorsam,** disobedient
    **ungern,** unwillingly

**ungewohnt,** unaccus-
tomed
**unheimlich,** strange,
weird
**unmöglich,** impossible
der **Unsinn,** nonsense
**unterbrechen** (St), interrupt
**unter'bringen** (Irr),
house, accommodate
sich **unterhalten** (St), amuse
oneself
die **Unterhaltung,** enter-
tainment
**unter'kriegen,** get the
better of
**unweit,** not far from
die **Urkunde,** document,
deed
der **Urlaub,** holidays

## V

die **Vase,** vase
der **Vater,** father
**verbergen** (St), hide
**verbieten** (St), forbid
**verblüfft,** flabbergasted
der **Verbrecher,** criminal
**verbringen** (St), spend
(time)
**verdienen,** earn
**verfehlen,** miss
**vergangen,** past
die **Vergangenheit,** past
**vergessen** (St), forget
**verkaufen,** sell
**verlassen** (St), leave
(room)
sich **verlassen** (St) **auf,** de-
pend on

**verlieren** (St), lose
**verlockend,** enticing
**vernichten,** annihilate
**verrostet,** rusty
**versammelt,** collected
**verschieden,** various
**verschlafen,** sleepy
**verschwinden** (St), dis-
appear
**versichern,** assure
**versöhnen,** reconcile
**versprechen** (St), pro-
mise
**verstockt,** stubborn
**verstummen,** fall silent
der **Versuch,** attempt
**verteidigen,** defend
der **Verteidigungsposten,**
defence position
**vertilgen,** exterminate
**vertraut,** familiar
**verzweifelt,** in despair
**viel,** much
**vielleicht,** perhaps
das **Viertel,** quarter
die **Viertelstunde,** quarter
of an hour
das **Vogelei,** bird's egg
die **Volksmenge,** crowd of
people
der **Volkstanz,** folk-dance
**vollkommen,** complete
die **Vorbereitung,** prepara-
tion
**voreilig,** hasy, rash
der **Vorfahr,** ancestor
**vor'lesen** (St), read
aloud
der **Vormittag,** morning,
forenoon

**zum Vorschein kommen**
(St), appear
**vorsichtig,** cautiously
sich **vorstellen,** imagine
**vorwurfsvoll,** reproachful

**W**

**wach,** awake
**wachsam,** vigilant
**wachsen** (St), grow
der **Wächter,** look-out man
der **Wachtturm,** watch-
tower
die **Waffe,** weapon
**wagen,** dare
der **Wagen,** car
**wahr,** true
**während,** while
**wahrscheinlich,** prob-
able
das **Wahrzeichen,** emblem
**wandern,** wander
**warm,** warm
**warum,** why
der **Waschtag,** washing-day
**wedeln,** wave
**weg′bleiben** (St), stay
away
**weg′räumen,** clear
away
das **Weib,** woman
**weiblich,** female
der **Wein,** wine, grapes
der **Weinberg,** vineyard
**weit,** far, wide
**weiter′kommen** (St),
get on, get any further
die **Wendeltreppe,** spiral
staircase
**wenigstens,** at least

das **Wetter,** weather
**widerstehen** (St), resist
**widerwillig,** reluctant
**wieder,** again
**wieder einmal,** once
again
**immer wieder,** again
and again
**wiederholen,** repeat
auf **Wiedersehen,** goodbye
**wiegen,** rock
die **Wiese,** meadow
sich **winden** (St), meander
**wirklich,** real
die **Wirklichkeit,** reality
**wissen** (Irr), know
**Rat wissen,** know
what to do
**wissen wollen,** en-
quire
die **Woche,** week
**woher,** (from) where
**wohin,** (to) where
**wohlbekannt,** well-
known
**wohnen,** live
das **Wohnzimmer,** living-
room
das **Wölkchen,** little cloud
**wollen** (Irr), want to
das **Wort,** word
**ins Wort fallen** (St),
interrupt
**wunderbar,** marvellous,
wonderful
die **Wut,** rage

**Z**

**zählen,** count
das **Zeichen,** sign

zeigen, point
die Zeit, time
    in letzter Zeit, re-
      cently
eine Zeitlang, for a while
die Zeitung, newspaper
die Zeltdecke, awning
das Zentimeter, centimetre
zerstören, destroy
die Zerstreuung, amuse-
    ment
ziehen (St), draw, pull
das Ziel, target
zielen, aim
ziemlich, fairly
das Zimmer, room
die Zinne, battlement
zittern, tremble
zögern, hesitate
zu, to, at
zufrieden, satisfied
der Zug, draught
    in einem Zug, at one
    draught

zu'geben (St), admit
zuguterletzt, finally
zu'klappen, slam shut
zu'machen, close
zurück, back
zurück'kehren, return
sich zurück'lehnen, lean
    back
zurück'ziehen (St),
    draw back
zusammengeknüllt,
    screwed up
zusammen'stoßen (St),
    bump into
zusammen'trommeln,
    bring together
zu'schauen, look on
zwar, to be sure, it is
    true
zwischen, between
die Zwischenzeit, interval
    in der Zwischenzeit,
    in the mean time